EL UNICO HIJO

Título: El Único Hijo
Autor: Emmanuel Vallejos
Arte de Tapa: Leandro Pena

Descarga: www.infonom.com.ar/euh

(Versión revisada 2021)

Vallejos, Reinaldo Emmanuel
  El único hijo / Reinaldo Emmanuel Vallejos. - 1a ed .
- 25 de Mayo : Reinaldo Emmanuel Vallejos, 2019.
  Libro digital, Amazon Kindle

  Archivo Digital: descarga y online
  ISBN 978-987-86-1731-2

  1. Santísima Trinidad. 2. Dios. I. Título.
  CDD 231.2

El Único Hijo

Contenido

(Todos los textos son de la Biblia Reina Valera 1960)

INTRODUCCIÓN

Aún recuerdo aquel día en clases de historia de España. Yo asistía a un profesorado y el profesor comenzó a hablar de la controversia arriana[1] en el cristianismo. Así que dibujó en el pizarrón un enorme triángulo con la inscripción "Padre" en la parte superior, "Hijo" en la base a la izquierda y "Espíritu Santo" en la base a la derecha. El profesor señaló el pizarrón y preguntó - En la Trinidad, ¿Quién es el mayor de los tres? - Yo era cristiano ya por aquel tiempo y pensé que debería saber más sobre el tema que el resto de mis compañeros no cristianos. Asistía a una iglesia trinitaria y había sido bautizado en el nombre del Padre, del Hijo y del Espíritu Santo, por lo cual razoné que yo no podía equivocarme en este campo y levanté la mano para contestar la pregunta. Cuando el profesor me dio la palabra, dije - El Padre - con tono seguro. Pero mi confianza se desvaneció cuando el profesor replicó - ¡No! Son los tres iguales - Quedé confundido. ¿De dónde saqué esa idea, de que el Padre era mayor que el Hijo y el Espíritu? Nunca

---

[1] El arrianismo es una creencia no trinitaria. Afirma que Jesucristo fue creado por Dios Padre y está subordinado a él. Las enseñanzas arrianas fueron atribuidas a Arrio (c. 250- 335 d. C.), un presbítero en Alejandría, Egipto. El Primer Concilio de Nicea del 325 declaró herejía al arrianismo. En el Primer Sínodo de Tiro, en el 335, Arrio fue exonerado. Tras su muerte, fue anatemizado de nuevo y fue declarado herético otra vez en el Primer Concilio de Constantinopla del 381. Los emperadores romanos Constancio II (337-361) y Valente (364-378) fueron arrianos o cercanos al arrianismo. (Wikipedia)

había estudiado el tema en profundidad, ni creía que fuera necesario. Pero ¿Por qué me equivoqué tan feo y para colmo en público con respecto a una cuestión que debería saber de memoria? - Los tres son iguales - me decía a mí mismo - ¿Cómo pude olvidarlo? Unos años después esta anécdota cobró sentido para mí cuando empecé a estudiar en serio el tema de la Trinidad. El texto de Juan 14:28 fue lo que había quedado en mi mente grabado:

"Habéis oído que yo os he dicho: Voy, y vengo a vosotros. Si me amarais, os habríais regocijado, porque he dicho que voy al Padre; porque <u>el Padre mayor es que yo</u>".

Otro pasaje revelador para mí fue 1 de Corintios 15:24-28:

"Luego el fin, cuando <u>entregue el reino al Dios y Padre</u>, cuando haya suprimido todo dominio, toda autoridad y potencia. Porque preciso es que él reine hasta que haya puesto a todos sus enemigos debajo de sus pies. Y el postrer enemigo que será destruido es la muerte. Porque todas las cosas las sujetó debajo de sus pies. Y cuando dice que todas las cosas han sido sujetadas a él, claramente <u>se exceptúa aquel que sujetó a él todas las cosas</u>. Pero luego que todas las cosas le estén sujetas, entonces también <u>el Hijo mismo se sujetará al que le sujetó a él todas las cosas</u>, para que Dios sea todo en todos".

Por supuesto que no lo había asimilado doctrinalmente, en cuanto a la doctrina trinitaria, pero era claro para mí, que si existían tres seres, el

Padre era el mayor. En orden, autoridad y poder. Este incidente en mi vida me hizo ver que existe un conflicto entre la lectura sencilla de la Biblia, sin prejuicios y el adoctrinamiento sistemático propio de las iglesias trinitarias. Entendí que las conclusiones a las que llegaría un estudiante de la Biblia dejado a sí mismo, solo con la Biblia, sin instrucción religiosa, son muy distintas a las que sostiene la iglesia oficial. Entendí, en definitiva, que si solo dejamos que la Biblia se interprete a sí misma, es imposible ver en ella una Trinidad, tal como lo enseña la iglesia.

La doctrina trinitaria es una tradición antigua, sin duda. Un concepto misterioso e inexplicable, también. Pero de ninguna manera es una verdad bíblica. En la introducción de esta obrita, dejaré algunas citas reveladoras de unos pocos autores, a mi juicio, destacados que nos darán un anticipo de la importancia y la vitalidad de esta cuestión, en cuanto a la salvación y la santidad.

Veremos primeramente, el pensamiento de Jaime White, pastor pionero del adventismo[2] en cuanto a las falencias de la reforma protestante. Jaime, quien participó del movimiento millerita que anunciaba la venida de Cristo para 1844 sabía por experiencia propia lo que era la reforma ya que fue uno de los

---

[2] Hago referencia a los pioneros adventistas porque es la comunidad cristiana en la que comencé a conocer la Biblia, pero mi experiencia será de valor para adventistas, testigos de Jehová, cristianos evangélicos y pentecostales, mormones, católicos y todo aquél que considere el valor del estudio bíblico.

tantos que aceptó la revelación del santuario celestial y la santidad del sábado como día de reposo.

"El misterio de iniquidad, ya empezaba a obrar dentro de la iglesia en los días de Pablo. Finalmente desplazó la simplicidad del evangelio, corrompiendo la doctrina de Cristo, y la iglesia huyo al desierto. Martin Lutero y otros reformadores se levantaron con el poder de Dios y con la palabra y el espíritu, dieron grandes pasos en la reforma. La mayor falta que hallamos en la reforma es que los reformadores pararon de reformar. Si hubiesen seguido adelante, hasta dejar atrás los últimos vestigios del papado, tales como la inmortalidad natural, la aspersión, la Trinidad, y la observancia del domingo, la iglesia se hallaría ahora libre de sus errores anti bíblicos". [3]

Y ya que mencionamos el sábado como día de reposo, no podemos dejar de citar al gran predicador del séptimo día, José Bates, quien junto a Jaime White fueron firmes defensores de la verdadera Deidad formada por el Padre y el Hijo. Veamos lo que dice.

"Mis padres eran desde hace tiempo miembros de la iglesia congregacional, junto con todos sus hijos convertidos hasta el momento, y ansiosamente esperaban que nos uniéramos a ellos. Pero abrazaron algunos puntos de fe que yo no podía entender. Solo nombrare dos: La forma del bautismo y la doctrina de la trinidad. Mi padre, quien había sido diácono desde

---

[3] Jaime White, 7 de Febrero de 1856, Review and Herald, Vol.7, n 919, pág. 148

hace mucho tiempo, trató de convencerme que ellos tenían razón en los puntos de doctrina... con respecto a la trinidad, concluí que era una imposibilidad para mí creer que el Señor Jesucristo, el Hijo del Padre, era además el Dios Todo poderoso, el padre, uno y el mismo ser. Le dije a mi padre, "Si me puedes convencer que en este sentido somos uno, de que tú eres mi padre, y yo tu hijo y que también yo soy tu Padre y tu mi hijo, <u>entonces puedo creer la Trinidad</u>". [4]

Pero no quiero detenerme solo en el ámbito del adventismo primitivo, lo cual para mí no es poca cosa, sino citar a algunas otras personas ajenas, incluso anteriores a dicho movimiento, ya que el mismo se caracterizó por ser antitrinitario. Veamos el caso de Isaac Newton. El declaró:

"Yo creo en un Dios, el Padre Todopoderoso. Creador de todas las cosas, visibles e invisibles. Y en un Señor: Jesucristo, el Hijo de Dios". [5]

Esta confesión de fe está basada en la primera carta de Pablo a los Corintios, capítulo 8, verso 6, que dice:

"Para nosotros, sin embargo, sólo hay un Dios, el Padre, del cual proceden todas las cosas, y nosotros somos para él; y un Señor, Jesucristo, por medio del cual son todas las cosas, y nosotros por medio de él".

---

[4] Joseph Bates, 1868, La autobiografía del anciano Joseph Bates, pág. 204

[5] Isaac Newton, Drafts on the history of the church.

Una de las facetas menos conocida de Newton fue justamente la de estudioso de la Biblia. La enciclopedia libre Wikipedia destaca lo siguiente:

"Newton fue profundamente religioso toda su vida. Hijo de padres puritanos, dedicó más tiempo al estudio de la Biblia que al de la ciencia. Un análisis de todo lo que escribió Newton revela que de unas 600.000 palabras solo 1 000.000 se dedicaron a las ciencias, mientras que 1400.000 tuvieron que ver con teología...

"Newton era arrianista y <u>creía en un único Dios, Dios Padre</u>. En cuanto a los trinitarios, creía que habían cometido un fraude a las Sagradas Escrituras y acusó a la Iglesia católica de ser la bestia del Apocalipsis. Por estos motivos se entiende por qué eligió firmar sus más secretos manuscritos alquímicos como Jehová Sanctus Unus. Relacionó sus estudios teológicos con los alquímicos y creía que Moisés había sido un alquimista. Su ideología antitrinitaria le causó problemas, ya que estudiaba en el Trinity College, en donde estaba obligado a sostener la doctrina de la Trinidad. Newton viajó a Londres para pedirle al rey Carlos II que lo dispensara de tomar las órdenes sagradas y su solicitud le fue concedida...

"Cuando regresó a Cambridge, inició su correspondencia con el filósofo John Locke. Newton tuvo la confianza de confesarle sus opiniones acerca de la Trinidad y Locke le incitó a que continuara con sus manuscritos teológicos. Entre sus obras teológicas, algunas de las más conocidas son *An*

Historical Account of Two Notable Corruption of Scriptures, Chronology of Ancient Kingdoms Atended y Observations upon the Prophecies. Newton realizó varios cálculos sobre el Día del Juicio Final, llegando a la conclusión de que este no sería antes del año 2060".

Obviamente, no ha de ser jamás la opinión de un hombre como Newton el fundamento de nuestra fe. De hecho veremos a partir del capítulo 1 las evidencias bíblicas que si constituyen la verdad sobre la cual practicamos nuestra religión. Sin embargo es interesante notar que este punto nunca fue una cuestión menor para los grandes pensadores o reformadores de diferente tiempo. Los testimonios que compartimos aquí tienen como único propósito, probar que el tema es vital y que ha sido tema de debate constante. Incluso el mismo Martín Lutero manifestó que el término "Trinidad" era extra-bíblico, aunque según parece, si creía en el concepto trinitario:

"Este nombre de Trinidad <u>nunca se encontró en la Escritura</u>, pero es la invención de los hombres. Por lo tanto, suena un tanto fría; y es mucho mejor decir Dios que Trinidad".[6]

Definitivamente esta cuestión es importante, sino la más de todas. Al final de cuentas, no importará si

---

[6] Sermón del domingo después de Pentecostés, Domingo de la Trinidad", Predigt am Sonntag nach Pfingsten, sogennant S. der heiligen Dreifaltigkeit, en Obras de Lutero, edición de Erlangen, vol. 12, pág. 378.

hemos guardado el día correcto como reposo, o si hemos pronunciado correctamente su nombre, tanto como el hecho de que reconozcamos quién es realmente el Dios Verdadero y el papel de su Hijo Jesús como mediador.

1

EL ESPÍRITU SANTO ES DE DIOS Y DE CRISTO

Cuando se presenta la doctrina de la Trinidad, se sostiene que Dios está formado por tres personas "Co-eternas y Co-iguales": El Padre, El Hijo y El Espíritu Santo, y se considera a este último como una persona separada del Padre y del Hijo, en otras palabras, un tercer ser. Sin embargo verá usted en los siguientes pasajes, que el Espíritu Santo es tanto el Espíritu del Padre, como el Espíritu del Hijo.

Veremos primeramente el contraste entre dos pasajes que hablan exactamente del mismo evento: El bautismo de Cristo, en el cual el Espíritu desciende como paloma sobre el Salvador. Si usted ha estudiado medianamente el tema, sabe que este pasaje es utilizado con frecuencia para probar la existencia de la Trinidad. Es decir que, el Padre en el cielo, el Hijo en la tierra y el Espíritu descendiendo se manifiestan como el único Dios triuno. Sin embargo, esta señal milagrosa en el bautismo de Cristo era dirigida a Juan el bautista quien identificó a Jesús como al cordero de Dios que quita el pecado del mundo y le reconoció como Hijo de Dios: Juan 1:34 "Y yo le vi, y he dado testimonio de que éste es el Hijo de Dios".

Lo que yo me pregunto es: ¿Cómo es posible que el cristianismo actual vea el bautismo y la señal de la paloma y saque la conclusión de que Dios es una trinidad y Juan por otro lado (a quién fue dirigida la visión) vea el mismo evento y llegue a la conclusión de que Jesús, aparte de ser su primo, es el Hijo de Dios? Evidentemente como hijo de un sacerdote, conocía que la paloma era un animal limpio, utilizado en el servicio del santuario como sacrificio, lo cual señalaba a Cristo como el sacrificio expiatorio para salvación del mundo. En definitiva el Espíritu de Dios descendió para ungir a su Hijo para el ministerio público y el sello de su misión distintiva como sacrificio fue señalado por la paloma, símbolo del "manso y humilde". Pero vamos a los textos:

Lucas 3:21, 22 Aconteció que cuando todo el pueblo se bautizaba, también Jesús fue bautizado; y orando, el cielo se abrió, y descendió el <u>Espíritu Santo</u> sobre él en forma corporal, como paloma, y vino una voz del cielo que decía: Tú eres mi Hijo amado; en ti tengo complacencia.

Vemos que en el relato de Lucas, al Espíritu que descendió como paloma se lo llama "Espíritu Santo", y esto es tomado como base de que se manifestó la tercera persona de la trinidad, sin embargo veremos en Mateo que al espíritu se lo llama "Espíritu de Dios" lo cual muestra en realidad de quien procede el "Espíritu Santo":

Mateo 3:16 Y Jesús, después que fue bautizado, subió luego del agua; y he aquí cielos le fueron abiertos, y vio al <u>Espíritu de Dios</u> que descendía como paloma, y venía sobre él.

Claramente se ve que el Espíritu Santo que descendió sobre Cristo en su bautismo era el mismo Espíritu de Dios. Incluso tenemos una declaración más directa en:

Efesios 4:30 Y no contristéis al <u>Espíritu Santo de Dios</u>, con el cual fuisteis sellados para el día de la redención.

Las implicancias de estos pasajes son más profundas de lo que aparentan a simple vista. Si el Espíritu Santo, es simplemente el Espíritu de Dios, entonces no podemos hablar de una tercer persona o tercer ser ya que hablamos simplemente de la presencia del Padre, o como lo llama el Apóstol Pablo, "la mente del Señor" en la primera carta a los corintios, citando, por supuesto al texto de Isaías que habla de "el Espíritu de Jehová". Véalo usted mismo:

1 Corintios 2:16 Porque ¿quién conoció la <u>mente del Señor</u>? ¿Quién le instruirá?

Isaías 40:13 ¿Quién enseñó al <u>Espíritu de Jehová</u>, o le aconsejó enseñándole?

Es evidente al fin que el término "Espíritu Santo" en muchos casos solo habla de la mente o presencia del Padre. No es una persona o ser separado del Padre. Pero como veremos a continuación también tiene otra aplicación, para referirse a la presencia o mente de Cristo, del Hijo.

Obviamente cuando hablamos del "Espíritu de Dios" nos referimos al Espíritu del Padre que estaba en el Hijo y con el cual fue ungido en su bautismo. Pero veremos aquí que también se le llama "Espíritu Santo" al Espíritu de Cristo, el Hijo de Dios. Si comprendemos que desde que nuestros primeros padres pecaron Dios tuvo que manifestársenos siempre por medio de un intermediario, es decir, su Hijo; entonces debemos aceptar que indefectiblemente, toda revelación de las Santas Escrituras vino por medio de Cristo. En definitiva que fue el Espíritu de Cristo quien reveló a los profetas la voluntad del Padre. El apóstol Pedro lo dice de la siguiente manera:

2 Pedro 1:20, 21 entendiendo primero esto, que ninguna profecía de la Escritura es de interpretación privada, porque nunca la profecía fue traída por voluntad humana, sino que los santos hombres de Dios hablaron siendo inspirados por el <u>Espíritu Santo</u>.

Según Pedro, los profetas hablaron siendo inspirados por el "Espíritu Santo", pero el mismo Pedro luego lo llama el "Espíritu de Cristo".

1 Pedro 1:10, 11 Los profetas que profetizaron de la gracia destinada a vosotros, inquirieron y diligentemente indagaron acerca de esta salvación, escudriñando qué persona y qué tiempo indicaba el <u>Espíritu de Cristo</u> que estaba en ellos, el cual anunciaba de antemano los sufrimientos de Cristo, y las glorias que vendrían tras ellos.

Evidentemente para Pedro los términos "Espíritu Santo" y "Espíritu de Cristo" son intercambiables. No hay diferencia, con lo cual el Espíritu Santo no es un tercer ser, sino la mente y la presencia de Cristo y de su Padre. Pero no solo los profetas reciben el Espíritu de Cristo. Pablo declara que Dios envió el Espíritu de su Hijo:

Gálatas 4:6 Y por cuanto sois hijos, Dios envió a vuestros corazones <u>el Espíritu de su Hijo</u>, el cual clama: ¡Abba, Padre!

Romanos 8:9-11 Mas vosotros no vivís según la carne, sino <u>según el Espíritu</u>, si es que <u>el Espíritu de Dios</u> mora en vosotros. Y si alguno no tiene <u>el Espíritu de Cristo</u>, no es de él. <u>Pero si Cristo está en vosotros</u>, el cuerpo en verdad está muerto a causa del pecado, más el espíritu vive a causa de la justicia. Y si <u>el Espíritu de aquel que levantó de los muertos a Jesús</u> mora en vosotros, el que levantó de los muertos a Cristo Jesús vivificará también vuestros cuerpos mortales por su Espíritu que mora en vosotros.

Para concluir este primer capítulo me gustaría citar las palabras de la autora adventista Elena G. White, de cuyas obras nació originalmente mi deseo de estudiar el tema de la trinidad. Obviamente, como formó parte de los pioneros del movimiento adventista, ella creía que tanto El Padre cómo El Hijo eran seres personales y distintos. Ella creía que aunque eran dos personas, eran uno en carácter y en espíritu.

"Cuando los discípulos lo comprendieron, a medida que su percepción se apoderó de la divina compasión de Dios, se dieron cuenta de que hay un sentido en que los sufrimientos del Hijo eran los sufrimientos del Padre. Desde la eternidad hubo una unidad completa entre el Padre y el Hijo. <u>Eran dos</u>, pero poco menos que idénticos; <u>Dos en individualidad</u>, pero uno en espíritu, y corazón, y carácter". [7]

En nuestro primer argumento, se puede ver claramente que el Espíritu Santo mencionado en la Biblia, no es un tercer ser, sino el Espíritu del Padre y del Hijo. De Dios y de Cristo.

[7] Youth Instructor. Diciembre 16 de 1897, párrafo 5.

2

NO HAY TEXTO BÍBLICO QUE DIGA "TRES SON UNO"

Este es uno de los argumentos más fuertes ya que los credos oficiales sobre la trinidad plantean que Dios es "Tres en Uno" o viceversa "Uno en Tres".

Wikipedia lo define de esta manera:

"La Trinidad es el dogma central sobre la naturaleza de Dios en la mayoría de las iglesias cristianas. Esta creencia afirma que Dios es un ser único que existe como tres personas distintas o hipóstasis: el Padre, el Hijo y el Espíritu Santo".

Aparte de esta definición simplista, la misma iglesia católica añade una explicación más intrincada:

La Iglesia católica dice: "La Trinidad es el término con que se designa la doctrina central de la religión cristiana [...] Así, en las palabras del Símbolo Quicumque: 'el Padre es Dios, el Hijo es Dios y el Espíritu Santo es Dios, y sin embargo no hay tres dioses, sino un solo Dios'. [8] En esta Trinidad [...] las Personas son co-eternas y co-iguales: todas, igualmente, son increadas y omnipotentes [...]". Así, Dios se revela a sí mismo como una comunión de personas". [9] "La Iglesia católica recuerda que este

---

[8] The Catholic Encyclopedia

[9] Genuyt, F.M. (1974). El misterio de Dios (2ª edición).

dogma fundamental de su fe fue definido en concilios ecuménicos celebrados en Oriente, lo cual es motivo de comunión con las Iglesias orientales".[10]

Las explicaciones de este tipo abundan en los credos o confesiones de fe de muchas de iglesias cristianas, sin embargo, nada ni siquiera parecido a ello se encuentra en las Escrituras. Ni en el Antiguo ni en el Nuevo Testamento. De hecho lo que la Biblia dice es todo lo contrario. Juan plantea que dos personas son una. Veamos el texto:

Juan 10:30 <u>Yo y el Padre</u> uno somos.

En el texto anterior vemos que Cristo dice que solo Él y el Padre son uno, sin embargo veremos que en el contexto del libro de Juan se nos explica que la unidad entre ellos no destruye su personalidad:

Juan 17:21-23 para <u>que todos sean uno</u>; como <u>tú, oh Padre, en mí, y yo en ti</u>, que también ellos sean uno en nosotros; para que el mundo crea que tú me enviaste. La gloria que me diste, yo les he dado, <u>para que sean uno, así como nosotros somos uno</u>. Yo en ellos, y tú en mí, para que sean perfectos en unidad, para que el mundo conozca que tú me enviaste, y que los has amado a ellos como también a mí me has amado.

La unidad que existe entre el Padre y el Hijo es la misma que puede existir entre cualquiera de los discípulos de Cristo, es decir que son uno en carácter

---

[10] Biblioteca de Autores Cristianos, ed. (1976). «Decreto Unitatis redintegratio sobre el ecumenismo». Documentos del Vaticano II (31a. edición). Madrid. pp. 550-551

y en propósito, pero no en persona. Veamos otros textos que mencionan al Padre y al Hijo:

Mateo 11:27 Todas las cosas me fueron entregadas por mi Padre; y <u>nadie</u> conoce al Hijo, sino el Padre, ni al Padre conoce alguno, sino el Hijo, y aquel a quien el Hijo lo quiera revelar.

1 Juan 2:22-24 ¿Quién es el mentiroso, sino el que niega que Jesús es el Cristo? Este es anticristo, <u>el que niega al Padre y al Hijo</u>. Todo aquel que niega al Hijo, tampoco tiene al Padre. El que confiesa al Hijo, tiene también al Padre. Lo que habéis oído desde el principio, permanezca en vosotros. Si lo que habéis oído desde el principio permanece en vosotros, también vosotros permaneceréis <u>en el Hijo y en el Padre</u>.

Pero ¿Acaso los creyentes debieron esperar hasta la primera venida de Cristo para percatarse de que Dios tenía un Hijo? Debería existir en el Antiguo Testamento también, menciones de esta unidad perfecta entre el Padre y el Hijo. Desde el libro de Génesis Dios ha revelado que no estuvo solo en la obra de la creación, al declarar "hagamos al hombre a nuestra imagen..."[11] Y el relato del capítulo 2 nos muestra que primero creó al varón y seguidamente, del costado de Adán formó a Eva quien llegó a ser "carne de la carne y hueso de los huesos"[12] de Adán. Ambos aunque eran dos personas bien definidas,

---

[11] Génesis 1:26

[12] Génesis 2:23

llegaron a ser uno[13], en carácter en naturaleza y en propósito.

El relato de la creación nos muestra que Dios en algún momento de "los días de la eternidad"[14] tuvo un Hijo de su propia naturaleza y aunque el Padre y el Hijo siempre fueron dos personas distintas, fueron de siempre uno en carácter naturaleza y propósito.

Otra manifestación del Génesis es la conocida historia de Abram e Isaac. Un hombre ya viejo de 100 años que no tiene ningún heredero, al cual se le concede tener un hijo de manera milagrosa de su esposa estéril. En el capítulo 22 de Génesis se nos cuenta la terrible orden dada por Dios a Abram: "Toma ahora a tu hijo, tu único, Isaac, a quien amas y vete a la tierra de Moriah, y ofrécelo allí en holocausto sobre uno de los montes que yo te diré".[15]

La entrega que hizo Abram de su hijo Isaac, era un pálido reflejo de la entrega que hizo Dios por la humanidad al entregar a su Hijo unigénito. En este relato vemos un bosquejo del plan de redención, del precio del rescate. El único pago aceptable era la vida del hijo unigénito.

La historia de Jacob y su hijo predilecto José, y de cómo es vendido y arrancado del cuidado de su padre para comenzar una vida de esclavo, también ilustra la

---

[13] Génesis 2:24

[14] Miqueas 5:2

[15] Génesis 22:2

relación entre el Padre y el Hijo. De todos los ángeles y seres creados por Dios había uno que se destacaba por su relación filial estrecha con el Padre. Jesús no había sido creado como los demás ángeles, a él lo había engendrado[16] el Padre, y así como los hermanos de José tuvieron celos de él, Lucifer y la tercera parte de los ángeles también cuestionaron la autoridad y distinción de Cristo. Y así como José vivió como esclavo, vendido por su hermano Judá, Cristo bajó a este mundo para ser nuestro siervo y fue vendido por Judas por el precio de un esclavo. Así como las coloridas vestiduras de José fueron llevadas a su desconsolado padre por los traidores, los verdugos de Cristo repartieron entre sí sus vestiduras reales.

Todos estos detalles conocidos del antiguo Testamento son el testimonio de que Dios daría a su Hijo en rescate por muchos. Pero tiempo nos faltaría en este pequeño folleto para hablar de David quien declaró: "Dijo Jehová a mi Señor: Siéntate a mi diestra, hasta que ponga a tus enemigos por estrado de tus pies".[17] Y de Salomón que dice: "¿Quién afirmó los términos de la tierra? ¿Cuál es su nombre y el de su hijo si sabes?".[18] Y ni que hablar de Isaías quien

---

[16] Hebreos 1:5

[17] Salmos 110:1

[18] Proverbios 30:4

nos presenta en colores tan vivos los padecimientos del "Ungido de Jehová". [19]

Tanto el Antiguo como el Nuevo Testamento hablan claramente de dos personas en intima comunión. Usted nunca leerá en su Biblia frases como "tres son uno" ni nada semejante, pero si encontrará más de una vez, confesiones de fe como la de Pablo que declara: "Para nosotros, sin embargo, solo hay un Dios, el Padre, del cual proceden todas las cosas, y nosotros somos para él; y un Señor, Jesucristo, por medio del cual son todas las cosas, y nosotros por medio de él". [20]

En estos pasajes se ve claramente que la unidad perfecta es entre dos personas, el Padre y el Hijo y que nadie conoce a uno sino solo el otro, lo que excluye indefectiblemente un tercer ser. Si el espíritu del anticristo niega al Padre y al Hijo ¿No es lógico pensar que la Trinidad es una doctrina anticristiana?

Nota: ¿Y qué de 1 Juan 5:7? ¡Ese texto dice que los tres son uno!

Porque tres son los que dan testimonio en el cielo: el Padre, el Verbo y el Espíritu Santo; <u>y estos tres son uno</u>.

Este es el único pasaje de la biblia que dice que Dios es uno en tres, o tres en uno, pero no formó parte de

---

[19] Isaías 53

[20] 1 Corintios 8:6

la Biblia, sino hasta el siglo XVI. Veamos un comentario al respecto:

"Las palabras mencionadas penetraron en las Biblias del siglo XVI, entre ellas la versión Reina-Valera, a través del texto griego del NT de Erasmo. Erasmo, según se dice, prometió incluir las palabras en cuestión en su Nuevo Testamento griego si se le mostraba un solo manuscrito griego donde estuvieran. Se le presentó entonces un manuscrito procedente de una biblioteca de Dublín [conocido como 34] con las palabras mencionadas, y las incluyó en su texto. Ahora se cree que dicho pasaje se introdujo en las últimas ediciones de la Vulgata por error de un copista que incluyó un comentario exegético marginal en el texto de la Biblia que estaba copiando. Las palabras o texto impugnado se han usado mucho <u>para apoyar la doctrina de la Trinidad</u>, pero como <u>las pruebas en contra de su autenticidad son abrumadoras, ese apoyo no tiene valor, y por lo tanto no debe usarse</u>. A pesar de que tales palabras están en la Vulgata, se admite con franqueza en una obra católica: "Ahora se afirma generalmente que este pasaje, llamado Comma Johanneum [inciso o parte menor del período de Juan], es una glosa que se introdujo desde hace mucho en el texto de la antigua Vulgata Latina, pero que llegó hasta el texto griego sólo en los siglos XV y XVI" (A Catholic Commentary on Holy Scripture, Thomas Nelson e Hijos, 1951, p. 1186)"[21]

---

[21] Comentario Bíblico Adventista, Tomo 7, página 693

En palabras simples: tanto para trinitarios como no-trinitarios, este texto de 1de Juan 5:7 es una añadidura del catolicismo sobre la biblia. No existe discusión sobre el tema.

Vayamos al tercer argumento.

3

NO HAY TEXTO QUE HABLE DE ADORAR AL ESPÍRITU SANTO

En este punto veremos que la Biblia es clara tocante al tema de la adoración ya que es el centro del gran conflicto entre el bien y el mal, es decir ¿A quién adoramos realmente? Debemos tener en cuenta que en las iglesias trinitarias se estila alabar a las tres personas por igual, lo que destruye el concepto bíblico de la mediación o intercesión de Cristo ante el Padre. Recuerdo que era parte de la liturgia en la iglesia donde yo asistía, un himno como este:

A Dios el Padre celestial. Al Hijo, nuestro redentor. Al eterno Consolador. Unidos todos, alabad. Amén.[22]

Aquí vemos que la adoración va dirigida a tres personas y sería absolutamente lógico en la mentalidad de aquél que ve al Espíritu Santo, no como la mente del Padre o del Hijo, sino como una tercera persona, literalmente. Pero la Biblia es más que clara en este punto ya que a medida que la maldad del hombre crecía la cantidad de dioses de las naciones paganas aumentaba considerablemente y Dios separó un pueblo para que no se extraviara del verdadero y del único camino hacia él. Veremos a continuación algunos pasajes que hablan acerca de adorar al Padre, aunque esto no ha sido puesto en

---

[22] Himno número 20 del Himnario Adventista

tela de juicio por casi nadie, si usted adora a Dios debería hacerlo solamente porque la Biblia lo dice y de la manera que la misma lo declara.

Juan 4:23 Mas la hora viene, y ahora es, cuando <u>los verdaderos adoradores adorarán al Padre</u> en espíritu y en verdad; porque también el Padre tales adoradores busca que le adoren.

Debemos adorar al Padre, pero en espíritu y en verdad. En espíritu significa, de corazón, sinceramente. En verdad significa, de manera correcta, como a él le agrada. Veamos otro texto que habla de adorar al Padre:

Mateo 11:25 En aquel tiempo, respondiendo Jesús, dijo: <u>Te alabo, Padre</u>, Señor del cielo y de la tierra, porque escondiste estas cosas de los sabios y de los entendidos, y las revelaste a los niños.

Sinceramente creo que nadie pondría en duda que la Biblia habla de que el Padre es digno de adoración, aunque hayamos citado solo dos ejemplos, pero ¿Qué sucede con el Hijo de Dios? ¿Es digno también de adoración o no? Este punto sí se vuelve controvertido ya que hay muchos cristianos que consideran a Cristo meramente un profeta más o un ser creado por Dios, sin embargo, los textos que veremos a continuación, tanto del Nuevo como del Antiguo Testamento son contundentes:

Juan 9:35-38 Oyó Jesús que le habían expulsado; y hallándole, le dijo: ¿Crees tú en el Hijo de Dios? Respondió él y dijo: ¿Quién es, Señor, para que crea en él? Le dijo Jesús: Pues le has visto, y el que habla contigo, él es. Y él dijo: Creo, Señor; y le adoró.

Mateo 2:1, 2 Cuando Jesús nació en Belén de Judea en días del rey Herodes, vinieron del oriente a Jerusalén unos magos, diciendo: ¿Dónde está el rey de los judíos, que ha nacido? Porque su estrella hemos visto en el oriente, y venimos a adorarle.

Mateo 28:9 he aquí, Jesús les salió al encuentro, diciendo: ¡Salve! Y ellas, acercándose, abrazaron sus pies, y le adoraron.

Mateo 28:17 Y cuando le vieron, le adoraron; pero algunos dudaban.

En este punto SI es necesario poner varios textos debido a que frecuentemente se pone en duda la divinidad del Hijo de Dios. En estos pasajes se ve claramente que no solo Cristo es adorado, sino que él no lo impide ni los reprende ya que era la voluntad del Padre, como lo presenta la Carta a los Hebreos:

Hebreos 1:5, 6 Porque ¿A cuál de los ángeles dijo Dios jamás: Mi Hijo eres tú, Yo te he engendrado hoy, y otra vez: Yo seré a él Padre, Y él me será a mí Hijo? Y otra vez, cuando introduce al Primogénito en el mundo, dice: Adórenle todos los ángeles de Dios.

En este último pasaje se deja ver cuál fue la causa del conflicto que se originó en el cielo en torno a la adoración al Hijo. El Padre mandó a los ángeles, entre los que estaba Lucifer, adorar y reconocer la autoridad de su Hijo. El primer rebelde no cuestionó la adoración al Padre, sino la adoración al Hijo.

Salmos 2:12 <u>Honrad al Hijo</u>, para que no se enoje, y perezcáis en el camino; Pues se inflama de pronto su ira. Bienaventurados todos los que en él confían.

Es claro que debemos adoración al Padre y al Hijo, pero ¿Qué hay del Espíritu Santo? Aunque muchos no lo crean, no existe en la Biblia ningún texto para poner aquí. Las Escrituras nos hablan de adoración al Padre, de adoración al Hijo, pero nunca de adoración al Espíritu Santo, porque como hemos visto antes (en el capítulo 1) el Espíritu Santo es tanto del Padre como del Hijo.

Para finalizar con este tercer argumento veremos este pasaje que habla de la adoración celestial revelada en Apocalipsis:

Apocalipsis 5:13 Y a todo lo creado que está en el cielo, y sobre la tierra, y debajo de la tierra, y en el mar, y a todas las cosas que en ellos hay, oí decir: <u>Al que está sentado en el trono, y al Cordero</u>, sea la alabanza, la honra, la gloria y el poder, por los siglos de los siglos.

Este texto de Apocalipsis fue crucial para mí, durante mi búsqueda personal de la verdad. Al Estudiar este libro, no solo vi que la adoración va solo dirigida al Padre y al Hijo, sino también que la iglesia verdadera de Dios tiene el sello inconfundible del Padre y el Hijo:

Apocalipsis 12:17 Entonces el dragón se llenó de ira contra la mujer; y se fue a hacer guerra contra el resto de la descendencia de ella, los que guardan los mandamientos de Dios y tienen el testimonio de Jesucristo.

Apocalipsis 14:12 Aquí está la paciencia de los santos, los que guardan los mandamientos de Dios y la fe de Jesús.

Los 144000 tienen solo dos nombres en sus frentes:

Apocalipsis 14:1 Después miré, y he aquí el Cordero estaba en pie sobre el monte de Sion, y con él ciento cuarenta y cuatro mil, que tenían el nombre de él y el de su Padre escrito en la frente.

Apocalipsis 14:4 Estos son los que no se contaminaron con mujeres, pues son vírgenes. Estos son los que siguen al Cordero por dondequiera que va. Estos fueron redimidos de entre los hombres como primicias para Dios y para el Cordero.

Apocalipsis sigue sorprendiéndome con sus menciones del Padre y el Hijo. Vea la descripción de la Santa Jerusalén:

Apocalipsis 21:22, 23 Y no vi en ella templo; porque el Señor Dios Todopoderoso es el templo de ella, y el Cordero. La ciudad no tiene necesidad de sol ni de luna que brille en ella; porque la gloria de Dios la ilumina, y el Cordero es su lumbrera.

Apocalipsis 22:3 Y no habrá más maldición; y el trono de Dios y del Cordero estará en ella, y sus siervos le servirán.

Es innegable que la doctrina de la Trinidad está fuertemente arraigada en el cristianismo moderno, pero también lo es el hecho de que la misma no tiene fundamento bíblico. Está basada solamente en las tradiciones y especulaciones de los teólogos, pero no en las claras afirmaciones de los apóstoles y los profetas. La Biblia nos dice que Dios amó tanto al mundo que dio a su Hijo unigénito:

Juan 3:16 Porque de tal manera amó Dios al mundo, que ha dado a su <u>Hijo unigénito</u>, para que todo aquel que en él cree, no se pierda, mas tenga vida eterna.

El regalo fue tan precioso ya que Dios no tenía otro hijo, era el "único nacido". El único que se sentaba a su diestra:

Salmos 110:1 <u>Jehová dijo a mi Señor</u>: Siéntate a mi diestra, Hasta que ponga a tus enemigos por estrado de tus pies.

Jesús es aquel por medio de quien Dios creó todas las cosas. [23] El Padre anhela que le adoremos solo a él por medio del único que es digno. Su Hijo. "Porque <u>hay un solo Dios, y un solo mediador</u> entre Dios y los hombres, Jesucristo hombre". [24]

---

[23] Colosenses 1:15, 16

[24] 1 Timoteo 2:5

4

SOLA ESCRITURA

Si hay algo que ha caracterizado los grandes reformadores, desde Noé a Jeremías, desde Juan el bautista a Lutero, fue la sencillez y la claridad del mensaje que proclamaban. Nunca hubo intrincadas exposiciones y explicaciones de una cuestión. La verdad en esencia es sencilla y clara. Considere el sermón del monte de Jesucristo. Si usted lo leyera textualmente verá que no es un discurso muy extenso. Los tópicos son claros y definidos, claramente entendibles para cada oyente. Por eso he decidido en este capítulo, no argumentar. Dejar que la Biblia hable por sí misma y despliegue su sencillez iluminadora sobre la mente del lector. Yo confío en la "Sola Escritura" así que le preguntaremos a ella sobre estos temas tan vitales.

¿Quién era Dios para Juan?

Juan 6:27 Trabajad, no por la comida que perece, sino por la comida que a vida eterna permanece, la cual el Hijo del Hombre os dará; porque a éste señaló <u>Dios el Padre</u>.

2 Juan 1:3 Sea con vosotros gracia, misericordia y paz, de <u>Dios Padre</u> y del Señor Jesucristo, Hijo del Padre, en verdad y en amor.

¿Quién era Dios para Pablo?

1 Corintios 8:6 para nosotros, sin embargo, sólo hay un Dios, el Padre, del cual proceden todas las cosas, y nosotros somos para él; y un Señor, Jesucristo, por medio del cual son todas las cosas, y nosotros por medio de él.

Gálatas 1:1, 3 Pablo, apóstol (no de hombres ni por hombre, sino por Jesucristo y por Dios el Padre que lo resucitó de los muertos)... Gracia y paz sean a vosotros, de Dios el Padre y de nuestro Señor Jesucristo.

Colosenses 1:3 Siempre orando por vosotros, damos gracias a Dios, Padre de nuestro Señor Jesucristo.

Colosenses 2:2 para que sean consolados sus corazones, unidos en amor, hasta alcanzar todas las riquezas de pleno entendimiento, a fin de conocer el misterio de Dios el Padre, y de Cristo.

Efesios 6:23 Paz sea a los hermanos, y amor con fe, de Dios Padre y del Señor Jesucristo.

Filipenses 2:11 y toda lengua confiese que Jesucristo es el Señor, para gloria de Dios Padre.

1 Tesalonicenses 1:1 Pablo, Silvano y Timoteo, a la iglesia de los tesalonicenses en Dios Padre y en el Señor Jesucristo: Gracia y paz sean a vosotros, de Dios nuestro Padre y del Señor Jesucristo.

2 Timoteo 1:2 a Timoteo, amado hijo: Gracia, misericordia y paz, de Dios Padre y de Jesucristo nuestro Señor.

Tito 1:4 a Tito, verdadero hijo en la común fe: Gracia, misericordia y paz, de <u>Dios Padre</u> y del Señor Jesucristo nuestro Salvador.

¿Quién era Dios para Jacobo (Santiago)?

Santiago 1:27 La religión pura y sin mácula delante de <u>Dios el Padre</u> es esta: Visitar a los huérfanos y a las viudas en sus tribulaciones, y guardarse sin mancha del mundo.

¿Quién era Dios para Pedro?

1 Pedro 1:2 elegidos según la presciencia de <u>Dios Padre</u> en santificación del Espíritu, para obedecer y ser rociados con la sangre de Jesucristo: Gracia y paz os sean multiplicadas.

2 Pedro 1:17 Pues cuando él recibió de <u>Dios Padre</u> honra y gloria, le fue enviada desde la magnífica gloria una voz que decía: Este es mi Hijo amado, en el cual tengo complacencia.

¿Quién era Dios para Judas?

Judas 1:1 Judas, siervo de Jesucristo, y hermano de Jacobo, a los llamados, santificados en <u>Dios Padre</u>, y guardados en Jesucristo.

¿Quién era Dios para Cristo?

Juan 17:1-3 Estas cosas habló Jesús, y levantando los ojos al cielo, dijo: <u>Padre</u>, la hora ha llegado; glorifica a tu Hijo, para que también tu Hijo te glorifique a ti; como le has dado potestad sobre toda carne, para que dé vida eterna a todos los que le diste. Y esta es la vida eterna: que te conozcan <u>a ti, el único Dios verdadero</u>, y a Jesucristo, a quien has enviado.

Juan 20:17 Jesús le dijo: No me toques, porque aún no he subido a mi Padre; mas ve a mis hermanos, y diles: Subo <u>a mi Padre y a vuestro Padre, a mi Dios y a vuestro Dios</u>.

Juan 8:54 Respondió Jesús: Si yo me glorifico a mí mismo, mi gloria nada es; <u>mi Padre</u> es el que me glorifica, <u>el que vosotros decís que es vuestro Dios</u>.

Todos estos textos dejan claro que cuando nos referimos al único Dios, nos referimos al Padre. No al Hijo, aunque éste sin dudas es divino como su Padre y nadie puede acceder al Padre sino es por medio del Hijo. El hecho de que Dios sea el Padre, no disminuye, ni le quita la autoridad que heredó el Hijo. Cuando la Biblia habla de un solo Dios, no se refiere a un Dios "compuesto" por varios, ya sean estos dos o tres. Cuando habla de uno, es uno, el Padre. Hagámosle otra pregunta a las Escrituras:

¿Cuántos Dioses hay?

Daniel 2:28 Pero <u>hay un Dios</u> en los cielos, el cual revela los misterios...

Romanos 3:30 Porque <u>Dios es uno</u>, y él justificará por la fe a los de la circuncisión, y por medio de la fe a los de la incircuncisión.

Gálatas 3:20 Y el mediador no lo es de uno solo; pero <u>Dios es uno</u>.

Santiago 2:19 Tú crees que <u>Dios es uno; bien haces</u>. También los demonios creen, y tiemblan.

1Timoteo 2:5 Porque <u>hay un solo Dios</u>, y un solo mediador entre Dios y los hombres, Jesucristo hombre.

1Corintios 8:4 Acerca, pues, de las viandas que se sacrifican a los ídolos, sabemos que un ídolo nada es en el mundo, y que <u>no hay más que un Dios</u>.

Efesios 4:6 <u>un Dios y Padre de todos</u>, el cual es sobre todos, y por todos, y en todos.

Luego de ver estos textos, mayormente del Nuevo Testamento, notamos que de ninguna manera existió tal cosa como la "revelación progresiva de la Trinidad" como algunos argumentan. Se sostiene asiduamente que en el Antiguo Testamento solo se reveló el Padre, en el Nuevo al Hijo y luego de la ascensión de Cristo se manifestó la tercera persona Espíritu Santo. Pero como hemos visto en el capítulo 2 de este librito, la revelación del Padre y el Hijo viene desde el Génesis y aún los apóstoles mucho tiempo después de la ascensión de Cristo siguen repitiendo la misma consigna que dijera Moisés en Deuteronomio capítulo 6: "Dios es uno". En ningún lado de la Biblia encontrará usted algo como "unidad compuesta" o algo por el estilo. Pero entonces, si Dios es el Padre y es el único Dios, ¿Quién es Jesús? No argumentemos, preguntémosle a la Biblia:

¿Quién es Jesús?

Marcos 3:11 Y los espíritus inmundos, al verle, se postraban delante de él, y daban voces, diciendo: Tú eres el <u>Hijo de Dios</u>.

Lucas 4:41 También salían demonios de muchos, dando voces y diciendo: Tú eres <u>el Hijo de Dios</u>. Pero él los reprendía y no les dejaba hablar, porque sabían que él era el Cristo.

Juan 1:34 Y yo le vi, y he dado testimonio de que éste es <u>el Hijo de Dios</u>.

Juan 1:49 Respondió Natanael y le dijo: Rabí, tú eres <u>el Hijo de Dios</u>; tú eres el Rey de Israel.

Juan 11:27 Le dijo: Sí, Señor; yo he creído que tú eres el Cristo, <u>el Hijo de Dios</u>, que has venido al mundo.

Juan 20:31 Pero éstas se han escrito para que creáis que Jesús es el Cristo, <u>el Hijo de Dios</u>, y para que creyendo, tengáis vida en su nombre.

Hechos 8:37 Felipe dijo: Si crees de todo corazón, bien puedes. Y respondiendo, dijo: Creo que Jesucristo es <u>el Hijo de Dios</u>.

Hechos 9:20 En seguida predicaba a Cristo en las sinagogas, diciendo que éste era <u>el Hijo de Dios</u>.

2 Corintios 1:19 Porque <u>el Hijo de Dios</u>, Jesucristo, que entre vosotros ha sido predicado por nosotros, por mí, Silvano y Timoteo, no ha sido Sí y No; mas ha sido Sí en él.

Hebreos 4:14 Por tanto, teniendo un gran sumo sacerdote que traspasó los cielos, Jesús <u>el Hijo de Dios</u>, retengamos nuestra profesión.

1 Juan 3:8 El que practica el pecado es del diablo; porque el diablo peca desde el principio. Para esto apareció <u>el Hijo de Dios</u>, para deshacer las obras del diablo.

1 Juan 4:15 Todo aquel que confiese que Jesús es <u>el Hijo de Dios</u>, Dios permanece en él, y él en Dios.

1 Juan 5:5 ¿Quién es el que vence al mundo, sino el que cree que Jesús es <u>el Hijo de Dios</u>?

1 Juan 5:10 El que cree en <u>el Hijo de Dios</u>, tiene el testimonio en sí mismo; el que no cree a Dios, le ha hecho mentiroso, porque no ha creído en el testimonio que Dios ha dado acerca de su Hijo.

1 Juan 5:20 Pero sabemos que <u>el Hijo de Dios</u> ha venido, y nos ha dado entendimiento para conocer al que es verdadero; y estamos en el verdadero, en su Hijo Jesucristo. Este es el verdadero Dios, y la vida eterna.

Creo que es obvio que Jesús no es "Dios el Hijo" como se lo llama comúnmente, sino más bien el "Hijo de Dios". Su Hijo literalmente hablando, no de manera simbólica o poética. Un Hijo, no por creación, sino un Hijo de su propia naturaleza que salió del seno del Padre.[25]

---

[25] Juan 16:27, 28

Probablemente, llegando a estas instancias del libro, le vengan a la mente textos que usted consideraba fundamentos del trinitarismo. Y es preciso analizarlos para ver si armonizan con lo expuesto hasta ahora o contradicen mis tesis. Por eso en el próximo capítulo veremos algunas objeciones típicas sobre este punto.

5

OBJECIONES TÍPICAS

En este capítulo presentaré una serie de pasajes de Las Escrituras sobre el Espíritu Santo y la interpretación actual que el cristianismo hace sobre los mismos. A continuación de cada texto, dejare una explicación sobre el mismo versículo y verá como existe un gran contraste entre las dos interpretaciones. Por supuesto que le dejo a usted decidir qué interpretación armoniza más con el resto de las Escrituras.

1 El Espíritu sobre las aguas

Génesis 1:2 Y la tierra estaba desordenada y vacía, y las tinieblas estaban sobre la faz del abismo, y el Espíritu de Dios se movía sobre la faz de las aguas.

Interpretación: El Espíritu que se movía sobre las aguas es la "tercer persona" de la Deidad.

Explicación: Este pasaje es claro en sí mismo. La expresión no es "Espíritu Santo", sino como casi en todo el Antiguo Testamento "Espíritu de Dios", lo que anula de plano la existencia de otro ser aparte del Padre y el Hijo. En todo caso se podría decir que Cristo quien caminó sobre las aguas[26] fue quien acompañó al Padre en su obra creativa.[27]

---

[26] Mateo 14:22-33

[27] Ver apéndice 1

2 Hagamos al hombre

Génesis 1:26 Entonces dijo Dios: Hagamos al hombre a nuestra imagen, conforme a nuestra semejanza; y señoree en los peces del mar, en las aves de los cielos, en las bestias, en toda la tierra, y en todo animal que se arrastra sobre la tierra.

Interpretación: Cuando Dios dice "Hagamos" son las tres personas hablando.

Explicación: Este pasaje se comprende fácilmente por su contexto. Cuando Dios dice "hagamos al hombre a nuestra imagen" no menciona un número o cantidad de personas. Solo sabemos que debe haber al menos dos personas, para que exista un diálogo. Es absolutamente arbitrario decir que hay tres personas hablando. Pero al ver el contexto[28] y la obra que hace en el sexto día, es decir, al hombre, vemos que no crea tres personas, sino solo una. Luego de un tiempo determinado, del costado de Adán "engendra" a Eva quién llega a ser "carne de la carne" de Adán, en otras palabras, de su misma naturaleza. En definitiva Dios crea dos personas que se complementan y que son de los mismos genes. Vea usted si esto encaja con la trinidad o con el Padre y el Hijo.[29]

---

[28] Génesis 2

[29] Ver apéndice 2

3 Descendamos y confundamos sus lenguas

Génesis 11:7 Ahora, pues, descendamos, y confundamos allí su lengua, para que ninguno entienda el habla de su compañero.

Interpretación: Cuando dice "descendamos" se refiere al Padre, al Hijo y al Espíritu Santo.

Explicación: Nuevamente, en este caso el sentido común nos dice que un diálogo necesita al menos dos personas. Es arbitrario decir que hay tres personas diciendo "descendamos".[30]

4 El Espíritu como paloma

Juan 1:32 También dio Juan testimonio, diciendo: Vi al Espíritu que descendía del cielo como paloma, y permaneció sobre él.

Interpretación: En el bautismo de Cristo se manifestó el Espíritu como la tercera persona de la Deidad.

Explicación: Este es uno de los textos más malinterpretados, ya que se ignora por completo el contexto y la finalidad de la visión del Espíritu como paloma. Mateo 3:17 nos dice que al mismo tiempo que se vio al Espíritu, la voz de Dios dijo: "Este es mi Hijo amado". También Juan el Bautista en Juan 1:34 declara: "Yo le vi y he dado testimonio de que este es

---

[30] Ver apéndice 3

el Hijo de Dios". Considere usted si Dios quería mostrar que es una trinidad o que Jesús era su Hijo.[31]

5 La Blasfemia contra el Espíritu Santo

Marcos 3:29 Pero cualquiera que blasfeme contra el Espíritu Santo, no tiene jamás perdón, sino que es reo de juicio eterno.

Interpretación: Cualquiera que no reconozca al Espíritu Santo como la tercera persona de la Deidad, no tiene perdón.

Explicación: Este es el texto "amenaza" utilizado para amedrentar a quien no acepta a la "tercera persona". Sin embargo se basa en un razonamiento humano. Se plantea que uno puede rechazar a la segunda persona (Cristo) o blasfemar contra ella y puede ser perdonado. Sin embargo quien blasfeme contra la tercera (Espíritu Santo) no puede ser perdonado, lo cual no tiene ninguna lógica si asumimos que los tres son co-eternos y co-iguales. La clave para comprender este pasaje está en las palabras que utiliza Cristo para referirse a sí mismo. Veamos Mateo 12:32: "A cualquiera que dijere alguna palabra contra el Hijo del Hombre, le será perdonado; pero al que hable contra el Espíritu Santo, no le será perdonado, ni en este siglo ni en el venidero." Note usted que no dice "Hijo de Dios", sino "Hijo del Hombre". Cristo está diciendo que al ser humano lo podían rechazar, de hecho lo crucificarían y el oraría aun para que Dios no les tomase en cuenta su pecado.

---

[31] Ver apéndice 4

[32] Pero al Espíritu Santo (Cristo divino obrando en el corazón[33]) no se lo podía rechazar indefinidamente, ya que no había otro medio de salvarlos.[34]

6 El Otro Consolador

Juan 14:16 Y yo rogaré al Padre, y os dará otro Consolador, para que esté con vosotros para siempre.

Interpretación: La palabra "otro" implica que no se trata del mismo Cristo, sino de la tercera persona de la Deidad.

Explicación: En este caso, como en la mayoría de objeciones, solo hay que leer el contexto. Vea usted quién es el "otro Consolador": Juan 14:17 el Espíritu de verdad, al cual el mundo no puede recibir, porque no le ve, ni le conoce; pero vosotros <u>le conocéis</u>, porque mora <u>con</u> vosotros, y estará <u>en</u> vosotros. Este texto es crucial ¿Por qué Cristo le rogaría al Padre que envíe al Consolador que ya "moraba con ellos" para ahora "estar en ellos". No tiene sentido a menos que Cristo sea el Consolador.[35] Juan 14:18 añade: "No os dejaré huérfanos; vendré a vosotros". Confirmado, el consolador que vendrá es Cristo.

---

[32] Lucas 23:34

[33] Gálatas 4:6

[34] Ver apéndice 5

[35] 1 de Juan 2:1 llama a Cristo "abogado" en griego "paracletos" que es la misma palabra que aparece en Juan 14 como "consolador".

Juan 14:19, 20 Todavía un poco, y el mundo no me verá más; pero vosotros me veréis; porque yo vivo, vosotros también viviréis. En aquel día vosotros conoceréis que yo estoy en mi Padre, y vosotros en mí, y yo en vosotros. El Padre está en el Hijo y el Hijo está en nosotros. El contexto de Juan 14:16 es más que claro. El otro Consolador es Cristo que estaba "con" sus discípulos pero quería estar "en" ellos.[36]

7 En el Nombre del Padre, del Hijo y del Espíritu Santo

Mateo 28:19 Por tanto, id, y haced discípulos a todas las naciones, bautizándolos en el nombre del Padre, y del Hijo, y del Espíritu Santo.

Interpretación: Estos son los tres nombres de las tres personas de la Trinidad.

Explicación: Este es el texto que probablemente más dudas ha generado sobre los estudiosos de las escrituras sobre este tema ya que existe una diferencia sustancial entre esta gran comisión y todos los bautismos registrados en los Hechos de los Apóstoles. Veamos algunos textos:

Hechos 2:38 Pedro les dijo: Arrepentíos, y bautícese cada uno de vosotros <u>en el nombre de Jesucristo</u> para perdón de los pecados; y recibiréis el don del Espíritu Santo.

[36] Ver apéndice 6

Hechos 4:12 Y en ningún otro hay salvación; <u>porque no hay otro nombre</u> bajo el cielo, dado a los hombres, en que podamos ser salvos.

Hechos 8:16, 17 porque aún no había descendido sobre ninguno de ellos, sino que solamente habían sido bautizados <u>en el nombre de Jesús</u>. Entonces les imponían las manos, y recibían el Espíritu Santo.

Hechos 10:48 Y mandó bautizarles <u>en el nombre del Señor Jesús</u>. Entonces le rogaron que se quedase por algunos días.

Hechos 19:5 Cuando oyeron esto, fueron bautizados <u>en el nombre del Señor Jesús</u>.

Vea usted que la práctica del bautismo siempre fue en un solo nombre, el de Jesús y vea también que Mateo 28:19 dice "en el nombre" y no "en los nombres". Esto nos lleva a pensar que la gran comisión no es una fórmula bautismal, sino solo eso: una comisión. La predicación del evangelio tiene la finalidad de que los hombres conozcan al Padre y al Hijo[37] y que reciban el Espíritu Santo[38] como don y como sello de santidad, pero de ninguna manera este texto habla de un Dios triuno o formado por tres personas. Vea usted que existen otros textos similares y que nunca son tomados como evidencias de la doctrina trinitaria:

---

[37] Juan 17:3

[38] 2 Corintios 3:17

Lucas 9:26 Porque el que se avergonzare de mí y de mis palabras, de éste se avergonzará el Hijo del Hombre cuando venga en <u>su gloria, y en la del Padre, y de los santos ángeles</u>.

Este pasaje habla claramente de tres glorias: la del Padre, la del Hijo y la de los ángeles y sin embargo nadie pensaría que los ángeles son parte de la Deidad. Vea otro texto:

Apocalipsis 3:12 Al que venciere, yo lo haré columna en el templo de mi Dios, y nunca más saldrá de allí; y escribiré sobre él <u>el nombre de mi Dios</u>, y <u>el nombre de la ciudad de mi Dios</u>, la nueva Jerusalén, la cual desciende del cielo, de mi Dios, <u>y mi nombre nuevo</u>.

Este texto nos dice que los vencedores tendrán tres nombres escritos sobre ellos. El nombre del Padre, del Hijo y de la Santa Ciudad, Jerusalén. Sin embargo nadie pensaría que Jerusalén es una tercera persona de la Deidad digna de adoración. En suma Mateo 28:19 no es un fundamento válido para sostener la doctrina trinitaria.[39]

8 Ananías le miente al Espíritu Santo

Hechos 5:3, 4 Y dijo Pedro: Ananías, ¿por qué llenó Satanás tu corazón para que mintieses al Espíritu Santo, y sustrajeses del precio de la heredad? Reteniéndola, ¿no se te quedaba a ti? y vendida, ¿no estaba en tu poder? ¿Por qué pusiste esto en tu corazón? No has mentido a los hombres, sino a Dios.

---

[39] Ver apéndice 7

Interpretación: Le mintió al Espíritu Santo y le mintió a Dios, por lo tanto el Espíritu Santo es Dios. Está Dios Padre, Dios Hijo y Dios Espíritu Santo.

Explicación: Este es un argumento muy utilizado, pero basta con leer los textos siguientes: Hechos 5:7-9 Pasado un lapso como de tres horas, sucedió que entró su mujer, no sabiendo lo que había acontecido. Entonces Pedro le dijo: Dime, ¿vendisteis en tanto la heredad? Y ella dijo: Sí, en tanto. Y Pedro le dijo: ¿Por qué convinisteis en tentar al <u>Espíritu del Señor</u>? He aquí a la puerta los pies de los que han sepultado a tu marido, y te sacarán a ti. Note que Pedro utiliza indistintamente los términos "Espíritu Santo" y "Espíritu del Señor". A quien le mintieron y a quién tentaron era al Espíritu de Cristo y el que le miente a Cristo le miente a Dios. Vea el siguiente texto: Mateo 10:40 El que a <u>vosotros</u> recibe, <u>a mí</u> me recibe; y el que me recibe a mí, recibe <u>al que me envió</u>. Note que el texto anterior establece una escalera entre el Padre, el Hijo y el Hombre. Ananías y Safira le mintieron a Pedro, por ende a Cristo y en consecuencia al Padre.[40]

---

[40] Ver apéndice 8

9 El Espíritu Santo intercede

Romanos 8:26 Y de igual manera el Espíritu nos ayuda en nuestra debilidad; pues qué hemos de pedir como conviene, no lo sabemos, pero el Espíritu mismo intercede por nosotros con gemidos indecibles.

Interpretación: El Espíritu Santo gime e intercede, por lo tanto es otra persona aparte del Padre y el Hijo.

Explicación: Si el Espíritu intercede y a su vez Cristo intercede por nosotros, solo hay dos opciones: O tenemos dos mediadores ante Dios, o el Espíritu Santo es Cristo mismo. Decida usted.[41]

Hasta aquí hemos visto como cada objeción en realidad es una manipulación de textos fuera de su contexto. El Espíritu Santo es lo que Elena White dice en uno de sus escritos:

"Cubierto por la humanidad Cristo no podía estar en cada lugar personalmente, por ésta razón era por todo una ventaja que Él debía abandonarlos para ir a su Padre y enviar el Espíritu Santo como su sucesor aquí en la tierra. <u>El Espíritu Santo es Él mismo, despojado de la personalidad de la humanidad e independiente de ella</u>. Él debía representarse <u>a Sí mismo</u> como presente en todas partes por <u>su Espíritu Santo</u>".[42]

---

[41] Ver apéndice 9

[42] Manuscript Release, # 1084

En el próximo y último capítulo veremos cómo afecta
esta creencia en nuestra salvación.

6

EL AMOR DE DIOS

Llegamos al final de este libro y pienso que en los capítulos anteriores se expusieron sobradas pruebas de que la doctrina trinitaria es ajena a la Biblia y a la religión verdadera. Pero lo que comentaré aquí, es para mí la razón más poderosa de todas. El amor de Dios, que es el que nos lleva al verdadero arrepentimiento. El que conmueve el corazón del pecador para guiarle al camino recto, es puesto en duda. Probablemente uno de los textos más conocidos de la Biblia sea el siguiente:

Juan 3:16-18 Porque <u>de tal manera amó</u> Dios al mundo, <u>que ha dado a su Hijo unigénito</u>, para que todo aquel que en él cree, no se pierda, mas tenga vida eterna. Porque no envió Dios a su Hijo al mundo para condenar al mundo, sino para que el mundo sea salvo por él. El que en él cree, no es condenado; pero el que no cree, ya ha sido condenado, porque no ha creído en el nombre del unigénito Hijo de Dios.

Aunque es un texto muy conocido, y probablemente el texto favorito de muchos, pocos lo creen realmente. Si parafraseamos el texto, lo que nos dice en otras palabras es que Dios, no tenía dos hijos, ni tres. Tenía solo uno. Solo uno era como él en naturaleza. Solo uno podía participar con él en la obra de la creación.

Solo uno se sentaba con él en el trono. Solo uno compartía su gloría antes de la creación del mundo.[43]

Dios amó tanto al mundo que dio todo lo que tenía. No escatimó a su propio Hijo para salvarnos. En cambio la doctrina trinitaria propone que Dios solo es un ser de entre tres que simplemente tomó temporalmente el rol de Padre y que el Hijo es otro ser que simplemente tomo ese rol, pero que no es único, ya que existe un tercer ser que también toma un rol distinto. En definitiva, el texto anterior sería una tremenda farsa creada por Dios para graficar una idea que no es cierta en la realidad.

Usted puede leer toda la Biblia y solo encontrará que el amor de Dios por los hombres se ha visto en el acto de dar a su Hijo en expiación, como lo repite Juan en su primera carta: 1 Juan 4:9, 10 <u>En esto</u> se mostró el amor de Dios para con nosotros, <u>en que Dios envió a su Hijo unigénito al mundo</u>, para que vivamos por él. <u>En esto</u> consiste el amor: no en que nosotros hayamos amado a Dios, sino en que él nos amó a nosotros, <u>y envió a su Hijo</u> en propiciación por nuestros pecados.

Si usted no cree que literalmente Dios envió a su Hijo ¿Cómo puede comprender el amor infinito del Padre por usted? No piense usted que es casual que el diablo haya cuestionado justamente este punto en la tentación del desierto. "Si eres el Hijo de Dios..."

---

[43] Juan 17:3

repetía el tentador en cada embate.[44] "Si eres el Hijo de Dios bájate de la cruz..." repetía la turba encolerizada durante la crucifixión.[45] Jesucristo es el Hijo de Dios, esa es la preciosa verdad, fundamento de la verdadera Iglesia, como lo confesara Pedro: "Tu eres el Cristo, el Hijo del Dios Viviente"[46] "Creo que Jesucristo es el Hijo de Dios"[47] confesó el etíope al bautizarse. Y el Apóstol Juan declara al terminar su hermoso evangelio que todo cuanto fue escrito sobre él, fue escrito con un solo propósito: Juan 20:30, 31 Hizo además Jesús muchas otras señales en presencia de sus discípulos, las cuales no están escritas en este libro. Pero éstas se han escrito <u>para que creáis que Jesús es el Cristo, el Hijo de Dios</u>, y para que creyendo, tengáis vida en su nombre.

Me uno al deseo de Juan de que usted crea que Jesucristo, no es la segunda persona de una trinidad, ni un profeta más o un ser creado. Crea que Jesucristo es el Hijo de Dios.

1 Juan 1:3 lo que hemos visto y oído, eso os anunciamos, para que también vosotros tengáis comunión con nosotros; y nuestra comunión verdaderamente es <u>con el Padre, y con su Hijo Jesucristo</u>.

---

[44] Lucas 4:4

[45] Mateo 27:40

[46] Mateo 16:16

[47] Hechos 8:37

APÉNDICES

En esta sección dejo a consideración una serie de citas de Elena White que complementan el capítulo 5 de este libro sobre las objeciones típicas. Las mismas van dirigidas especialmente a lectores adventistas que estén considerando estudiar este tema a la luz del Espíritu de Profecía:

Apéndice 1

"Pero cuando venga el Espíritu de verdad, él os guiará a toda la verdad". Sólo mediante la ayuda de <u>ese Espíritu que en el principio "se movía sobre la faz de las aguas"</u>; <u>de aquel Verbo</u> por quien "todas las cosas... fueron hechas"; <u>de aquella "Luz verdadera</u> que alumbra a todo hombre", puede interpretarse correctamente el testimonio de la ciencia. Sólo mediante su dirección pueden descubrirse sus verdades más profundas.[48]

Apéndice 2

Satanás fue una vez un ángel a quien se honraba en el cielo, el que seguía en orden a Cristo. Su semblante, como el de otros ángeles, era benigno y denotaba felicidad. Su frente, alta y espaciosa, indicaba poderosa inteligencia. Su figura era perfecta, y su porte noble y majestuoso. Pero <u>cuando Dios dijo a su Hijo</u>: "Hagamos al hombre a nuestra imagen," <u>Satanás sintió celos de Jesús</u>. Deseó que se le consultase acerca de la formación del hombre, y porque esto no

---

[48] La Educación, Pág. 134, Cap. la Ciencia y la Biblia

se hizo, se llenó de envidia, celos y odio. <u>Deseó recibir los más altos honores después de Dios</u>, en el cielo.[49]

Apéndice 3

Se exaltaron a sí mismos frente a Dios. Pero él no permitiría que completaran su obra. La torre alcanzaba ya una gran altura cuando <u>el Señor envió dos ángeles para que los confundieran en su trabajo.</u> Se había encargado a ciertos hombres que recibieran indicaciones de los que trabajaban en lo alto, y que pedían materiales para su trabajo, de manera que el primero se comunicaba con el segundo, y éste con el tercero, hasta que el pedido llegaba a los que estaban abajo. A medida que el mensaje pasaba de uno a otro en su descenso, <u>los ángeles confundieron sus lenguas,</u> y cuando el pedido llegó a los obreros que estaban abajo se proveyó material que no se había pedido. Y cuando después de un laborioso proceso éste llegaba a los obreros que estaban en la cumbre, no era lo que querían. Chasqueados y enojados reprochaban entonces a los que suponían culpables.[50]

Apéndice 4

Nunca antes habían escuchado los ángeles semejante oración. Ellos anhelaban llevar a su amado Comandante un mensaje de seguridad y consuelo. Pero no; el Padre mismo contestará la petición de su Hijo. <u>Salen directamente del trono los rayos de su</u>

---

[49] Primeros Escritos, Pág. 145, Cap. La Caída de Satanás

[50] La Historia de la Redención, Pág. 74, Cap. 9 La Torre de Babel

gloria. Los cielos se abren, y sobre la cabeza del Salvador desciende una forma de paloma de la luz más pura, emblema adecuado del Manso y Humilde.[51]

Apéndice 5

Nadie necesita considerar el pecado contra el Espíritu Santo como algo misterioso e indefinible. El pecado contra el Espíritu Santo es el pecado de un rechazo persistente a responder a la invitación a arrepentirse. Si rehusáis creer en Jesucristo como vuestro Salvador personal,... significa que amáis la atmósfera que rodeó al primer gran apóstata. Elegís esa atmósfera antes que la atmósfera que rodea al Padre y al Hijo, y Dios os permite elegir.[52]

Apéndice 6

No hay consolador como Cristo, tan tierno y tan leal. Está conmovido por los sentimientos de nuestras debilidades. Su Espíritu habla al corazón. Las circunstancias pueden separarnos de nuestros amigos; el amplio e inquieto océano puede agitarse entre nosotros y ellos. Aunque exista su sincera amistad, quizá no puedan demostrarla haciendo para nosotros lo que recibiríamos con gratitud. Pero ninguna circunstancia ni distancia puede separarnos del Consolador celestial. Doquiera estemos doquiera vayamos, siempre está allí, Alguien que está en el lugar de Cristo para actuar por él. Siempre está a

---

[51] El Deseado de Todas las Gentes, Pág. 112, Cap. El Bautismo

[52] Review and Herald, 29-6-1897. A fin de Conocerle, Pág. 239

nuestra diestra para dirigimos palabras suaves y amables, para apoyar, sostener, defender y animar. <u>La influencia del Espíritu Santo es la vida de Cristo en el alma</u>. Este Espíritu obra dentro y por medio de cada uno que recibe a Cristo.[53]

Apéndice 7

Estos hermanos no sabían nada de la misión del Espíritu Santo. Cuando Pablo les preguntó si habían recibido el Espíritu, contestaron: "Ni aun hemos oído si hay Espíritu Santo." "¿En qué pues sois bautizados?" preguntó Pablo, y ellos dijeron: "En el bautismo de Juan."... Les dijo cómo el Señor de la vida había roto las barreras de la tumba, y se había levantado triunfante de la muerte. <u>Repitió la comisión</u> del Salvador a sus discípulos: "Toda potestad me es dada en el cielo y en la tierra. Por tanto id, y doctrinad a todos los Gentiles, bautizándolos en el nombre del Padre, y del Hijo, y del Espíritu Santo." (Mat. 28: 18, 19.) Les habló también de la promesa de Cristo de enviar el Consolador, por cuyo poder se realizarían poderosas señales y prodigios, y describió cuán gloriosamente esta promesa se había cumplido el día de Pentecostés. Con profundo interés, y agradecido y maravillado gozo, los hermanos escucharon las palabras de Pablo. Por la fe aceptaron la maravillosa verdad del sacrificio expiatorio de Cristo, y le recibieron como su Redentor. <u>Fueron bautizados entonces en el nombre de Jesús</u>; "y habiéndoles impuesto Pablo las manos," recibieron también el

---

[53] Dios nos Cuida, Mayo 14, La Venida del Consolador

bautismo del Espíritu Santo, por el cual fueron capacitados para hablar los idiomas de otras naciones, y para profetizar.[54]

Apéndice 8

Los apóstoles se opusieron a los miembros de la iglesia que, mientras profesaban tener piedad, daban secretamente cabida a la iniquidad. Ananías y Safira fueron engañadores que pretendían hacer un sacrificio completo delante de Dios, cuando en realidad guardaban para sí con avaricia parte de la ofrenda. <u>El Espíritu de verdad</u> reveló a los apóstoles el carácter verdadero de aquellos engañadores, y el juicio de Dios libró a la iglesia de aquella inmunda mancha que empañaba su pureza. Esta señal evidente del discernimiento del <u>Espíritu de Cristo</u> en los asuntos de la iglesia, llenó de terror a los hipócritas y a los obradores de maldad.[55]

Apéndice 9

El Espíritu Santo formula toda oración sincera. Descubrí que en todas mis intercesiones, <u>interviene por mí y por cada uno de los santos</u>. Su mediación siempre estará fundamentada en la voluntad de Dios, y nunca tendrá el propósito de avalar lo que está en contra de sus designios. "<u>El Espíritu nos ayuda en nuestra debilidad</u>" (Rom. 8: 26). Siendo Dios, el Espíritu conoce la mente del Altísimo. Por lo tanto, en

---

54 Hechos de los Apóstoles, Pág. 282, 283. Cap. 27 Éfeso

55 El Conflicto de los Siglos, Pág 48, Cap. 2 La Fe de los Mártires

cada oración, ya sea en favor de los enfermos u otras necesidades, la voluntad de Dios ha de ser respetada. "¿Quién de los hombres sabe las cosas del hombre, sino el espíritu del hombre que está en él? Así también nadie conoció las cosas de Dios, sino el Espíritu de Dios" (1 Cor. 2:11). Si deseamos ser enseñados por Dios, deberemos orar conforme a su voluntad revelada, y estar dispuestos a sometemos a sus designios, porque los desconocemos. Cada súplica debe estar de acuerdo con los deseos de Dios, confiando en su preciosa Palabra, y creyendo que Cristo se dio a sí mismo por sus discípulos. El registro dice: "Y habiendo dicho esto, sopló, y les dijo: Recibid el Espíritu Santo" (Juan 20: 22). Jesús está esperando soplar sobre todos sus discípulos con el propósito de darles la inspiración santificada de su Espíritu y transmitir a su pueblo su propia influencia vitalizadora... La voluntad debe cooperar con la suya y actuar con su Espíritu, puesto que ya no son ellos los que viven, sino Cristo en los suyos. Jesús desea grabar en sus hijos la idea de que, al darles el Espíritu Santo, les concede la misma gloria que el Padre le había dado, para que él y su pueblo sean uno en Dios. Nuestros deseos y nuestra voluntad deben estar sujetos a la suya, puesto que él es justo, santo y bueno.[56]

---

[56] Signs of the Times, 3 de octubre de 1892

Más información sobre estos temas:
www.infonom.com.ar
www.youtube.com/infonomv

Escriba a:
info@infonom.com.ar